RENÉ DE RIBIER

MAURIAC

Ses Curés et ses Prêtres-Filleuls

AURILLAC
IMPRIMERIE E. BANCHAREL
RUE MARIE MAUREL

1907

à la Bibliothèque Nationale
Hommage de l'auteur
R de Ribier

RENÉ DE RIBIER

MAURIAC

Ses Curés et ses Prêtres-Filleuls

AURILLAC
IMPRIMERIE E. BANCHAREL
RUE MARIE MAUREL

1907

C'est le premier chapitre d'un ouvrage de plus longue haleine, qui, dans la pensée de l'auteur, doit embrasser la chronologie historique des curés de toutes les paroisses de l'Archiprêtré de Mauriac, lequel comprend aujourd'hui, outre l'ancien archiprêtré, uni avant la Révolution au diocèse de Clermont, les cinq paroisses du canton de Champs rattachées autrefois à l'archiprêtré de Rochefort.

La circonscription religieuse de l'archiprêtré de Mauriac, telle qu'elle a été etablie par le Concordat de 1801, correspond à la circonscription administrative de l'arrondissement. Des cinquante-deux paroisses qui formaient l'ancien archiprêtré de Mauriac, trois ont disparu : Prodelles, Salsignac et Vignonnet ; il s'est accru en revanche de dix-sept nouvelles paroisses : Beaulieu, Champs, Lanobre, Marchal et Trémouille dans le canton de Champs ; Chambres dans le canton de Mauriac ; Enchanet dans le canton de Pleaux ; Apchon[1], La Chassagne et Valette dans le canton de Riom-ès-Montagnes ; Antignac, La Monselie et Saint-Pierre dans le canton de Saignes ; Espinassolle, Le Fau, Le Vaulmier et Longevergne dans le canton de Salers : ce qui porte à soixante-six le nombre actuel des paroisses, réparties dans soixante-une communes.

Il nous a paru naturel de commencer par le chef-lieu : Mauriac. A tout seigneur tout honneur ! Les autres paroisses viendront ensuite par ordre alphabétique. Arriverons-nous au terme de la tâche que nous nous sommes imposée ? Dieu seul le sait. C'est dans tous les cas une tâche complexe et laborieuse ; car, en dehors des cures ordinaires, désignées jadis sous le titre de vicairies perpétuelles, *les prieurés, les chapitres, les abbayes et les autres bénéfices ecclésiastiques ont droit à une place spéciale dans le cadre de la paroisse où se trouvait leur siège ; nous tenterons donc de reconstituer dans la mesure du possible la série de leurs titulaires respectifs, sauf pour le monastère des Bénédictins de Mauriac ; il nous suffira pour celui-ci de renvoyer le lecteur à la monographie très complète, qui en a été récemment publiée à la suite de la* Chronique de Montfort[2], *et à laquelle du reste nous n'aurions rien ou presque rien à ajouter.*

---

1. Sous l'ancien régime, Apchon ne figurait pas au nombre des paroisses ; il était considéré comme une simple annexe de Saint-Hippolyte.

2. Dr L. de Ribier : *La Chronique de Montfort sur Mauriac.* Paris, H. Champion, 1905.

Nous ne nous faisons pas illusion sur les difficultés d'une pareille entreprise et sur les résultats problématiques de nos efforts, convaincu d'avance qu'en dépit des recherches les plus minutieuses et des nombreuses notes recueillies dans les archives publiques et privées, notre recueil ne sera qu'une simple ébauche, un essai plein de lacunes et d'imperfections, et si nous avons tenu, au soir d'une vie déjà longue, à amorcer un pareil travail, ce n'est pas avec la prétention d'établir une chronologie définitive, mais uniquement dans le but de jalonner la route que nous ouvrons aux chercheurs de l'avenir. On l'a dit avant nous : Le mieux est souvent l'ennemi du bien !

Nous laisserons du reste à plus jeune le soin de terminer la publication, au cas où nous ne pourrions l'achever nous-même. Le docteur Louis de Ribier — dont les preuves ne sont plus à faire — n'hésitera pas au besoin à compléter les notes de son père et à mener à bonne fin une œuvre à la fois modeste et patriotique, qui emprunte à la persécution religieuse et au cambriolage gouvernemental un caractère incontestable d'urgence et d'actualité.

Que vont devenir, en effet, les archives des évêchés, des grands séminaires, des fabriques et des paroisses, et qui peut nous assurer qu'elles ne seront pas bientôt dispersées aux quatre vents du ciel ou livrées, dans des auto-da-fé officiels, aux vengeances maçonniques, par les exécuteurs des Hautes-Œuvres du Bloc ?

Il n'est donc que temps de recueillir avant la suppression des paroisses et la fermeture — momentanée — de nos églises, ces pieuses reliques d'un passé qui se confond, à travers les siècles, avec l'histoire même de la France !

Juin 1907.

RIBIER.

MAURIAC

Ses Curés et ses Prêtres-Filleuls

L'Eglise de Notre-Dame-des-Miracles de Mauriac
avant la restauration de 1896-1899

I

Les Chapelains et les Chapelains-Curés de Notre-Dame-des-Miracles.

Il est de tradition constante que l'église actuelle de Notre-Dame-des-Miracles fut bâtie au commencement du XIIe siècle sur l'emplacement d'une ancienne chapelle dédiée à sainte Théodechilde et l'on est en droit de supposer que c'est à cette église miraculeuse — nouvellement reconstruite — que Louis le Gros attribuait, en 1110, le titre glorieux de *Capella Regum Francorum*, dans sa lettre à Pierre Le Roux, évêque de Clermont.

Il est probable qu'elle n'était pas encore église paroissiale. Nous retrouvons soit dans *la Chronique de Saint-Pierre-le-Vif* de Sens, soit dans plusieurs actes du XIIIe siècle, la mention de quelques-uns des chapelains qui la desservirent successivement, sous la direction des moines ou plutôt du doyen du monastère, en sa qualité de *curé primitif* de ladite église. Il est un de ces actes, du 17 des calendes de septembre 1261, dont Verdier-Latour nous a conservé la copie[1], qui ne laisse aucun doute sur leur existence : c'est le texte latin d'une reconnaissance consentie par Guillaume de Tournhac (*Guillelmus de Turnhac*) à Pierre de Vigier (*Petro Vigerii*), chevalier, en présence de Guillaume Guitard, prêtre, tenant la place vacante du chapelain de l'église Sainte-Marie de Mauriac (*Guillelmi Guitardi, presbyteri, tenentis locum capellani ecclesiæ beatæ Mariæ Mauriacensis vacantis*), de Geraud de Domis, chapelain de Sainte-Marie du monastère, de Maurice de Salzines, chapelain du monastère et de Guillaume de Domis, chapelain du Puy-Saint-Mary. Ladite reconnaissance se termine ainsi : *Ego Guillelmus Guitardus, ad instanciam dicti Guillelmi de Turnhac tam pro dictis capellanis quam pro me sigillum meum proprium apposui hæc cartæ.*

« Le sceau, nous dit Verdier-Latour, porte une sainte Vierge » tenant l'enfant Jésus entre ses bras, devant lequel est un » homme à genoux. On voit, ajoute-t-il, qu'il y a de l'écriture » autour du sceau ; mais l'empreinte est trop mal faite pour » qu'on puisse la lire. »

Il est regrettable que Verdier-Latour n'ait pu déchiffrer la légende, car son texte nous eut permis d'éclaircir un point d'histoire locale qui risque de rester insoluble.

Le sceau de Guillaume Guitard, dont la description précède, est identiquement le même que celui que Géraud Astorgue, chanoine de Clermont et *archiprêtre de Mauriac*, a apposé au bas de son testament du 11 avril 1261, entouré de la légende : S GERALDI AST... GII CAN CLAROMOT (*Sigillum Gerardi Astorgii, canonici Claromontis*)[2]. Comment expliquer cette similitude ? Deux versions se présentent à l'esprit : ou le sceau employé par Guillaume Guitard était celui de la chapelle Sainte-Marie, que l'archiprêtre Astorgue aurait adopté avec sa légende personnelle, ou il était le propre sceau du dit Astorgue, dont Guillaume Guitard se serait servi à défaut du sien. Remarquons en passant que beaucoup d'actes locaux de cette époque ont été scellés du sceau des archiprêtres de Mauriac. Peut-être aussi ces deux sceaux n'étaient-ils qu'une

1. Bibliothèque de Clermont-F[d], ms. 570, f° 21.

2. Arch. du P.-de-D., *Chapitre cathédral*, armoire 6, sac A, cote 1, et R. de Ribier : *Les Archiprêtres de Mauriac*, p. 24, Aurillac, Imp. Moderne, 1907.

variante de celui du chapitre cathédral de Clermont qui représentait une vierge couronnée, tenant l'enfant Jésus sur son bras gauche. Bien que nous soyons réduit à répondre à la question posée par de simples suppositions, cette coïncidence méritait d'être signalée.

En ce qui concerne l'état de ces chapelains, Verdier-Latour observe qu'il y avait des prêtres attachés à l'église du monastère et d'autres au service de la paroisse. Les uns et les autres étaient dans le principe des *gagistes*. Ceux qui étaient au service de la paroisse se sont réunis en communauté; ceux qui étaient attachés au monastère et qui prenaient tantôt le nom de *donati, familiares*, tantôt de *capellani*, ont été réduits à un seul, dont les fonctions étaient de porter la croix dans les processions.

Le testament de Pierre de Transmon, célèbre médecin Mauriacois, du 2 des nones d'août 1279, mentionne encore un autre chapelain de Mauriac, Jean Laromets, qu'il nomme comme exécuteur testamentaire, avec charge de surveiller l'administration de ses biens et de ses enfants que le tuteur a confiée à sa femme. Ce testament renferme une foule de legs intéressants, notamment un legs de 20 deniers rédituels à la communauté des prêtres de Mauriac, un legs de 30 sols pour un croisé, qui doit être choisi par son exécuteur testamentaire, et trois legs pour « aider à la construction des églises « de Mauriac, de Clermont et de Bourges, le premier de deux « sols, le second d'un denier et le troisième de six deniers »[1].

Si l'église de Notre-Dame-des-Miracles n'était pas dans le principe une église paroissiale, il est certain qu'elle l'était devenue à la fin du XIIIe siècle; car la transaction passée le vendredi de la Saint-Michel (13 octobre) 1301, entre Pierre Dumas, chapelain d'Arches, et le doyen Hugues de Scorailles, au sujet des dîmes novales, est scellée du sceau de Géraud de Scorailles, archiprêtre de Mauriac, et de celui de Raymond, chapelain de l'église *paroissiale* de Mauriac (*capellanus parochialis ecclesie Mauriaci*)[2].

1. Bibl. de Clermont-Fd, ms. 570, fo 22. — En ce qui concerne l'église de Mauriac, ce testament semblerait contredire un peu l'opinion émise par M. de Rochemonteix dans ses *Eglises romanes de la Haute-Auvergne*, p.219, où il la classe parmi les œuvres de la fin du XIe siècle dans ses parties principales et estime qu'elle ne fut guère terminée avant la moitié du siècle suivant Quant à la cathédrale de Clermont, elle fut commencée en 1248 sous Hugues de La Tour et malgré la bulle du pape Urbain IV, du 9 septembre 1263, promettant des indulgences à tous les bienfaiteurs, l'église était loin d'être achevée lorsque la dédicace en fut faite en 1350. La cathédrale de Bourges est du XIIIe siècle.

2. L'abbé Chabau. *L'église d'Anglards-de-Salers et les Archiprêtres de Mauriac*, p. 35. Saint-Flour, Boubounelle, 1896.

Cette qualification de chapelain pour le titulaire d'une église paroissiale n'est pas en réalité aussi anormale qu'elle le parait au premier abord. Il est constant, en effet, que dans le Midi on appelait chapelains, les prêtres des églises paroissiales[1] et nos anciens casuistes déclarent le terme chapelle (*capella*), applicable même à des paroisses[2].

Du Cange est encore plus explicite sur cette question. Pour lui, Chapelle et Paroisse ont la même signification : *Hæ duæ voces : Capella et Parrochia promiscue usurpatæ sunt ad eamdem rem significandam*[3] et le titre de Recteur se confond avec celui de Chapelain-Curé. *Rector seu Capellanus-Curatus*[4].

Il est certain dans tous les cas, que la qualification de chapelain se perpétua pour le titulaire de l'église de Notre-Dame-des-Miracles jusqu'à la fin du XIIIe siècle. C'est à partir de cette époque seulement qu'apparaissent les qualifications de *Recteur, Curé* ou *Vicaire perpétuel* ; il est donc tout naturel que la présente chronologie des curés de Notre-Dame-des-Miracles ne remonte pas plus haut.

---

1 et 2. *La Grande Encyclopédie*, t. x, pp. 550 et 557.

3 et 4. *Glossarium*, édition L. Fabre. Niort, 1883, t. xi, pp. 118 et 121.

Sceau de Pierre de Balsac, doyen de Mauriac
Curé primitif de N.-D.-des-Miracles
(1469-1496)

II
Chronologie Historique des Curés de Notre-Dame-des-Miracles

Blason de la Communauté des Curé et Prêtres-Filleuls.
D'azur, à une croix d'or posée sur un nom de Jésus de même[1].

1404, 1411. — Etienne VEILHER. *(Discretus vir Stephanus Veilher, rector Mauriaci).* C'est le premier curé de Mauriac, dont nous ayons trouvé des traces. Il est ainsi qualifié dans une vente consentie devant Guillaume Laboyrie, notaire, le 16 avril 1404, par Guillaume de Scorailles, seigneur de Bourran, en Rouergue, à Aymeric de Ribier, damoiseau, seigneur de Lavaur; vente à laquelle il assiste comme témoin avec Ebles de Saint-Exupéri, seigneur de Miremont et Hugues d'Au-

1. Bibl. nat. ms. fr., n° 32195.

tressal [1]. Le 8 septembre 1411, il reçut, comme notaire du doyenné, l'acte d'investison intervenu entre Géraud Astier, moine bénédictin, et ledit Aymeric de Ribier [2].

La famille Veilher paraît originaire d'Anglards. Jehan et Géraud Veilher, père et fils, de ce lieu, furent témoins à l'hommage rendu le 4 avril 1499 par Georges de Bort au comte de Boulogne et d'Auvergne [3].

1439. — GUY LABOYRIE. *(Guydo Laboyria, curatus ecclesie parrochiallis Mauriaci).* Il appartenait à une riche famille bourgeoise de Mauriac, qui a fourni une longue lignée de notaires au doyenné et à la ville de nombreux consuls. Nous relevons son nom au bas d'un traité conclu le 2 mai 1439, devant Hélie Laboyrie, notaire, au sujet du pré de La Goutte, sis à Trébiac, entre *Hugo La Jarrigha* et *Emery La Volpilhieyra* [4].

1454, 1471. — GÉRAUD ARNAL. (*Discretus dominus Geraldus Arnaldi, rector Mauriaci*). C'est sous cette qualification qu'il est désigné dans la vente que lui consentit le 20 novembre 1454, Maurinot de Montclar, de quinze setiers de seigle sur l'affar de Baretz, près Espinassolle [5]. Le 6 avril 1457, ledit Arnal rétrocéda à Guillaume de Montclar les droits que lui avait vendus Maurinot en 1454 [6]. Le 21 mai 1470, il acheta d'Antoine de Salhens (Saillans) et de Delphine de Chanterelles, son épouse, divers cens et rentes sur les affars de Malesarte et de Fournols, devant Guillaume, notaire [7], et le 19 novembre 1471, d'Etienne de Salhens d'autres rentes sur l'affar des Aldeyres, suivant contrat reçu par le même notaire [8].

1494, 1516. — JEHAN BOYSSOU. (*Johannes Boysso, curatus Mauriaci*). Il était originaire de Salers, où Pierre et Mathieu Boyssou *al.as* Bouyssou exerçaient la profession de marchands. Etant curé de Mauriac, il fonda concurremment avec eux, en 1494, dans sa ville natale les vêpres du vendredi et du samedi [9]. Le 29 août 1506, il assista avec Durand Laboyrie, notaire, à l'hommage que Gaudin de Ribier, commandeur de

---

1. et 2. Arch. de Ribier, Parchemins nos 6 et 8.

3. Ibidem. Liasse : *de Bort.*

4. Ibidem. Liasse : *Mauriac*, no 3.

5, 6, 7, 8. Arch. du P.-de-D. *Fonds Ribier-Sartiges*, carton x, cotes 10 et s. et carton XIII, cotes 48 et 19.

9. De Ribier du Châtelet. *Dict. Stat. et Hist. du Cantal*, t. V., p. 186.

Rosson et de Pasturat (ordre de Saint-Lazare de Jérusalem), rendit à Jacques d'Amboise, évêque de Clermont[1]. Le 6 mars 1516, il fut témoin à une transaction passée devant Jacques Montfort, notaire, entre *Petrus Clerici* et *Johannes Jaunardi*, titulaires de la chapellenie de Notre-Dame, du monastère de Mauriac[2].

Deux membres de sa famille occupèrent successivement après lui la cure de Mauriac.

1550. — Géraud BOYSSOU. (*Geraldus Boysso, jurium baccalaureus, curatus ecclesie Mauriaci*), probablement neveu du précédent. Il fut témoin au procès-verbal de prise de possession du doyenné de Mauriac par frère Jehan Bessier, passé devant Dartiges, notaire, le 20 août 1550[3].

1560, 1590. — Antoine BOYSSOU, bachelier en droit, était déjà curé de Mauriac en 1560 ; car il prit part le 8 avril 1560 à la délibération des consuls et notables habitants de la ville pour l'acceptation de la fondation du collège des jésuites de Mauriac, faite par Monseigneur Duprat, évêque de Clermont. Son nom a été un peu défiguré dans la copie de cette délibération conservée aux archives départementales du Cantal, où il est désigné en ces termes : *Maistre Antoine du Buisson, bachelier en droit, curé de l'église paroissiale de Nostre-Dame de la ville de Mauriac*[4]. Le 16 août 1561, il vendit à Jean de Montclar, seigneur de Montbrun, de concert avec les prêtres-filleuls de Mauriac, des rentes que la communauté possédait sur Montclar[5]. Nous constatons encore sa présence au contrat solennel passé le 12 décembre 1563 entre les habitants de Mauriac, les régents du collège et les exécuteurs testamentaires dudit évêque[6]. Onze ans plus tard il assistait à la prise et au sac de la ville par les Huguenots, qui lui coupèrent la main droite et lui firent subir les plus atroces traitements[7]. Cette mutilation

1. Arch. du P.-de-D., G, *Evêché*, et Dr L. de Ribier, *Hist. Généalogique de la maison de Ribier*, p. 25, Paris, H. Champion, 1907.

2. Arch. du Cantal, *Fonds du monastère de Mauriac*.

3, 4, 6. Arch. du Cantal. *Fonds du monastère de Mauriac*. — Le nom latin Boysso s'est traduit en français par une foule de variantes, telles que Boyssou, Bouyssou, Boysson, Buisson ; les deux premières plus spécialement usitées en Haute-Auvergne et les deux autres en Basse-Auvergne.

5. Arch. du P.-de-D., *Fonds Ribier-Sartiges*, carton x, cote 61.

7. *Dict. Stat. et Hist. du Cantal*, t. IV, p. 288.

ne l'empêcha pas de continuer l'exercice de son ministère, après la fuite de l'armée calviniste qui avait occupé Mauriac, du 15 avril au 29 juillet 1574.

Nous le retrouvons encore plein de vie et d'énergie, le 25 avril 1587, à l'installation du Fr. Louis Solive, religieux bénédictin, à l'infirmerie du monastère de Mauriac, dont il avait été pourvu par le doyen de Vialle. Soubrane, le 18 septembre précédent, par suite de la résignation du moine Jehan Audouze [1].

Il fut remplacé après 1590 par le suivant :

1590-1599. — ANTOINE VAYSSIER. Nous ne connaissons pas la date exacte de sa nomination qui eut lieu vers 1590; mais nous savons qu'il n'occupa la cure de Mauriac que jusque en 1599, par le procès verbal d'installation de son successeur.

1599-1608. — ANTOINE RONGIER, bachelier en droit canon. Il fut nommé curé de Mauriac, *per obitum* d'Antoine Vayssier le 20 novembre 1599, sur la présentation du doyen de Vialle Soubrane et installé le 12 décembre suivant par Jehan de Lesmaries, prêtre-filleul de l'église, en présence de Antoine Bonnefon, docteur en médecine, Jacques Soustre, greffier, et Antoine Bernard, pédagogue. Me Danjolie, notaire, rédigea le le procès verbal [2].

1608-1644. — PIERRE ROQUE, bachelier en théologie et prêtre-filleul de l'église de Mauriac, avait été ordonné diacre à Clermont le 20 mai 1606 et prêtre le 23 décembre 1607. Il succéda le 8 mars 1608, à l'âge de 25 ans, à Antoine Rongier, sur la présentation du doyen Jehan Bertrand. Jehan Chefblanc, juge spirituel des Montagnes, l'installa le 15 du même mois, suivant procès-verbal de Dupeyron, notaire [3], en présence de Jehan Servanton, docteur en théologie, qui devint curé d'Arches le 19 janvier 1610, d'Etienne Bezet, docteur en droit canon, d'Antoine Danjolie, greffier, et de Jehan de Pomerie, bourgeois, son beau-frère. Il prit une part active avec le Père Molinier, régent du collège des Jésuites, aux démarches qui furent faites en 1626 et 1627 pour l'introduction de la réforme de Saint-Maur au monastère de Mauriac, et résigna en 1644 sa cure en faveur de Pierre de Pomerie, son neveu.

1. 2. 3. Arch. du P. de D. *Ins. eccles.* Reg. XXVI, f° 119, Reg. XXXI, f° 125, Reg. XXXI, f° 335.

1644-1663. — PIERRE DE POMERIE. Il appartenait à la riche bourgeoisie de Mauriac. Son aïeul, Gaspard de Pomerie, originaire du Limousin, s'était fixé dans cette ville le 3 novembre 1574, par son mariage avec Jeanne Fouilhoux, qui lui avait donné, outre deux fils : Pierre, dont le sort est ignoré, et Jehan qui continua la lignée, trois filles : Catherine, Suzanne et Antoinette, mariées, la première à Antoine Roque, la seconde au docteur Bonnefon et la troisième à Etienne de Chavialle. Jehan de Pomerie eut de Catherine de Cebié, sa femme, huit enfants : 1° Pierre, né en 1617, objet de la présente notice, 2° autre Pierre, marié le 14 septembre 1647 à Antoinette de Chavialle, 3° Antoine, premier de nom, né le 5 février 1619, qui occupa après son frère aîné la cure de Mauriac pendant quelques mois, 4° autre Antoine, second du nom, qui succéda au précédent, 5° Marguerite, mariée le 23 août 1651, à Pierre del Peyrou, de Servières, en Limousin, 6° Elie, 7° Marie et 8° Delphine, ces trois derniers morts sans alliance avant leur père, ainsi qu'il résulte du testament de ce dernier passé devant Chaumeil, notaire, le 6 décembre 1650.

Pendant que Pierre de Pomerie faisait ses études de théologie à l'université de Paris, son père lui donna, comme titre clérical, l'usufruit de son domaine du *Vigean-Soutro*, d'un rapport annuel de 300 livres, par acte passé devant Mathieu, notaire à Mauriac, le 18 avril 1643. Guillaume de Chavialle, docteur en droit, et juge de la ville, François de Plaignes, sieur du Teil, Ligier de La Barre, sieur de Contre, et Antoine Montfort, bourgeois, intervinrent dans cet acte pour attester la suffisance du titre clérical, qui fut publié les deux dimanches suivants par Pierre Roque, curé, au prône de l'église paroissiale[1]. Il avait 27 ans quand le doyen Cotignon de Chauvry le pourvut en 1644 de la cure de Mauriac, vacante par le décès de Pierre Roque, son oncle. Les registres des *Insinuations ecclésiastiques* du diocèse de Clermont ne contiennent pas le procès-verbal de sa prise de possession ; mais nous avons relevé dans son acte de décès, inscrit aux registres de catholicité de Mauriac, à la date du 30 avril 1663, qu'il avait succédé en 1644 audit Pierre Roque.

Sous son administration, la communauté des prêtres-filleuls eut de vifs démêlés avec les religieux du monastère, auxquels

1. Arch. du P.-de-D., *Ins. ecclés.* Reg. XXIX, f° 5.

elle contestait notamment le droit de prêcher dans l'église paroissiale, et le jour de la fête de Notre-Dame-des-Miracles, de l'année 1649, un affreux scandale éclata pendant la célébration de la messe. Au moment où Dom Gotereau, prieur du monastère, gravissait les degrés de la chaire, il fut saisi violemment par le froc et les pieds et il aurait été victime des violences des communalistes si les assistants ne s'étaient interposés. L'office se termina au milieu des vociférations, mêlées au bruit des cloches et des tambours. Plainte fut portée d'abord à l'évêque, puis à la cour du Parlement de Paris; mais sur ces entrefaites, il intervint entre le prieur et le curé Pierre de Pomerie, devant Chaumeil, notaire, une transaction, à la date du 22 octobre 1650, aux termes de laquelle il fut convenu que le prédicateur de la fête de Notre-Dame-des-Miracles serait nommé alternativement par chaque partie; le droit de célébrer la grand'messe étant expressément réservé au doyen et en son absence au prieur. Les prêtres consentirent en outre à aller processionnellement au monastère au devant des religieux, avec lesquels ils devaient retourner à l'église paroissiale pour y commencer la procession [1].

Ce réglement n'arrêta pas longtemps les empiètements de la communauté, qui avait du reste l'opinion pour elle; mais les remontrances que Monseigneur Louis d'Estaing fit à ce sujet au clergé, dans ses visites pastorales des 15 juillet 1652 et 27 juillet 1657, parvinrent à calmer un peu les impatiences et à ajourner une nouvelle rupture [2].

Dans l'intervalle Pierre de Pomerie avait été pourvu de la vicairie de Saint-Thomas de Salvalis, vacante par le décès du titulaire et en avait pris possession le 7 août 1652 [3]. Il décéda

1. *Dict. Stat. et Hist. du Cantal*, t. IV, p. 248.

2. L'abbé Chabau. *Pélérinages du diocèse de Saint-Flour*, p. 31. Paris, librairie St-Paul, 1888.

3. Arch. du P.-de-D., *Ins. ecclés.* Reg. LII, f° 124.

— La chapelle de St-Thomas de Salvadis était une chapelle foraine du monastère, bâtie au village de St-Thomas, près Mauriac, en 576 — date certainement apocryphe — s'il faut en croire la *Chronique de Montfort*, par un bourgeois de cette ville, seigneur de Montcelis ou plutôt de Salvalis, du nom de Nicolas, qui fut guéri miraculeusement d'un *loup* à une jambe (Dr L. de Ribier, *loc. cit.*, p. 49, *en note*).

Dom Etienne Buisson, religieux profès à l'abbaye royale de St-Jouin des Marnes, diocèse de Poitiers, en était titulaire, lorsque Dom Armand Valest, prieur du monastère de Mauriac, fit en son nom, le 18 avril 1720, la déclaration prescrite par l'édit royal de 1719, de laquelle il résulte que les biens en dépendant produisaient un revenu annuel de 2 setiers de froment, évalués

à Mauriac, à l'âge de 46 ans, le 30 avril 1663, et fut enterré dans le tombeau de Pierre Roque, son oncle et son prédécesseur, au-devant du chœur.

1663-1664. — ANTOINE DE POMERIE, *premier du nom.* Né à Mauriac le 5 février 1719, il avait été, comme son frère aîné Pierre, étudiant en théologie à l'Université de Paris, ainsi qu'il appert du titre clérical que Jehan de Pomerie, son père, lui constitua sur son domaine de *Grégory*, d'un rapport annuel de cent vingt livres, le 31 juillet 1644[1], en présence d'Antoine de Cebié, docteur en théologie, d'Aymeric Fontanges, prêtre, de Guillaume de Chavialle, de Jehan de Cebié, juge de Mauriac, Chambres et Anglards et de Ligier de La Barre, sieur de Contre. Le certificat de publication fut délivré par Pierre Roque, curé, à la date du 22 août 1644. Une lacune de sept ans (1658-1665), existant dans les registres des *Insinuations ecclésiastiques* de l'ancien diocèse de Clermont, il ne nous a pas été possible de retrouver la date de sa nomination, ni le procès-verbal d'installatien ; mais nous savons par les registres de catholicité de Mauriac, que son passage à la cure de Notre-Dame-des-Miracles fut de très courte durée, — quelques mois à peine, — puisque son frère aîné mourut le 30 avril 1663, et qu'il décéda lui même le 30 décembre de la même année.

1664-1696. — ANTOINE DE POMERIE, *deuxième du nom,* né à Mauriac le 7 mars 1621. D'abord avocat en Parlement, il n'embrassa la carrière ecclésiastique qu'après la mort de son père, qui par son testament sus-relaté, du 6 décembre 1550, lui avait assuré 5.000 livres pour tous droits de légitime. Ses bancs pour les ordres furent publiés le 2 février 1655, en l'église de Notre-Dame-des-Miracles, par le sieur Amargier, vicaire. Etant diacre au grand séminaire de Saint-Sulpice, Antoine Cotignon, doyen de Mauriac, l'avait pourvu, à la date du 24 février 1656, de la vicairie et chapellenie de St-Benoît, dépendante du monastère; mais quand Pierre de Pomerie, curé de Mauriac, son frère, se présenta le 2 mai suivant, pour en prendre possession en son nom, Dom Auremond Rongier,

---

4 l. et de 19 setiers de seigle évalués 29 l. 13 s. 7 d., sur lequel il fallait prélever 26 l. pour une messe qui se disait chaque semaine dans lad. chapelle. (Arch. du P.-de-D., *Intendance, Culte*).

1. Arch. du P.-de-D., *Ins. ecclés.* Reg. L, f° 114.

prieur du monastère, refusa l'entrée de ladite chapelle, sous prétexte que l'office avait été supprimé et éteint par la démission de Guillaume des Maries, dernier titulaire [1].

Il avait 42 ans lorsqu'il fut appelé en 1664 à succéder à son frère, Antoine premier du nom, décédé à la fin de l'année précédente. Antoine de Pomerie s'occupa avec beaucoup de sollicitude des pauvres de la ville et, grâce à ses efforts, les fondations considérables faites le 25 décembre 1597, par Jeanne de Fontanges, veuve d'Antoine de Ribier, douairière de Lavaur, ne furent pas complètement détournées de leur destination primitive. Il y ajouta, en 1670, une petite maison lui appartenant, composée d'une cuisine en bas et d'une chambre au-dessus, contenant quatre ou cinq lits occupés par des pauvres, que soignaient les filles dévotes ou *Menettes* de la Congrégation de Notre-Dame et la dota d'une rente annuelle de cinquante francs [2].

L'église paroissiale ne fut pas oubliée; elle lui dut de nombreux embellissements intérieurs et la construction, en 1676, d'une sacristie, dont le besoin se faisait vivement sentir [3].

Antoine de Pomerie se démit en 1696, en faveur d'Antoine Gibbert; il mourut le 13 mai 1699 et fut inhumé dans le tombeau de son frère Pierre, placé près de la porte du chœur de Notre-Dame-des-Miracles.

Par son testament, passé devant Chatonnier, notaire, le 30 mars 1698, il avait légué à l'église son calice d'argent doré et constitué une rente en faveur des prêtres de la ville, « à la « charge de faire, — lesdits sieurs curé et prestres, — le caté« chisme dans l'église de paroisse chaque dimanche de « de l'année; à la charge aussy de faire ledit catéchisme trois « fois de l'année, par demandes et réponses familières, dans « chascun des villages de Trébiac, Verlhac, St-Thomas, « Boulan, Crouzi et Serres, et deux fois de l'année dans « chascun des autres villages de ladite paroisse, dans lesquels « il y aura plus d'une maison et un jour aussy de chasque « année dans les autres villages où il n'y aura qu'une maison » [4].

---

1. Arch. du P.-de-D., *Ins. ecclés.*, Reg. LIII, f° 377.

2. Arch. du P.-de-D., *Intendance, Culte*, 1025 et 1026.

3. Auvergne Historique. *Hist. du Royal monastère de Mauriac.* Varia — t. II, p. 71.

4. L'abbé Serres. *Catinon-Menette*, p. 9 *(en note)*. Paris, Vic et Amat, 1864.

1696 1715. — Antoine GIBBERT, *aîné*, bachelier en théologie. Nommé en vertu d'une bulle du pape, du 16 octobre 1695, accepté par l'évêque de Clermont le 23 décembre suivant, il fut installé par son prédécesseur le 25 juin 1696, devant Montfort, notaire, en présence de Pierre Fouilhoux, curé de Chastel-Marlhac, Jean Juillard, curé de Lanobre, Guillaume Pomeyrol, curé de Chalyignac, Guillaume de Pomerie, maire perpétuel de Mauriac, et Hugues Chevalier, maire de Salers[1].

En 1715, devenu vieux et presqu'infirme, il échangea avec son frère, Antoine Gibbert, cadet, la cure de Notre-Dame-des-Miracles, contre celle de Chaussenac, dont ce dernier était titulaire.

1715-1719. — Antoine GIBBERT, *cadet*. Une bulle de Rome, du 6 des ides de novembre 1714, approuva la permutation convenue avec son frère. L'évêque de Clermont donna son visa le 29 mars 1715 et le nouveau titulaire fut installé par son prédécesseur le 11 avril suivant, en présence de Guillaume de Chavialle, bailli et juge, devant Diernat, notaire[2]. Pendant son court ministère, Antoine Gibbert fut en butte aux prétentions des prêtres-filleuls, au sujet des droits honorifiques de l'église, dont ils voulaient dépouiller le vicaire perpétuel : prétentions qu'ils avaient du reste élevées déjà contre son frère. L'official de Clermont par une sentence, du 16 octobre 1716, statua sur tous les chefs de réclamation. Le curé en appela comme d'abus devant le Parlement et fut dans l'intervalle remplacé en 1719 par Antoine Broquin.

1519-1521. — Antoine BROQUIN, docteur en théologie, originaire de Trizac. Suivant acte passé devant Mes Dumas et Lemasson, notaires à Clermont, le 5 octobre 1719, Antoine Gibbert échangea la cure de Mauriac contre celle de St-Maixence-Adjutor, aux faubourgs de Clermont — réunie aujourd'hui aux Minimes — dont Antoine Broquin était titulaire[3]. L'évêque donna son visa le même jour et Antoine Broquin prit possession de la cure de Notre-Dame-des-Miracles de Mauriac le 1er novembre 1719, suivant procès-verbal de Lacoste, notaire, en présence de Mre Ignace de La Loubère, doyen, Jean de Po-

1. Arch. du P.-de-D., *Ins. ecclés.*, Reg. LXX, fo 237.

2. Arch. du P.-de-D., *Ins. ecclés.* Reg. LXXXV, fo 85, Reg. LXXXIX, fo 146, Reg. LXXXVII, fo 108, et Reg. C., fo 7.

3. Cette église, vendue comme bien national le 23 février 1793 à un maçon de Clermont, fut transformée en grange.

merie, François Bonnefon, docteur en médecine, Jean Chappe, économe de l'hôpital, Pierre-Jacques de Douhet, seigneur de Cussac, et autre Jacques de Douhet, son fils, garde du corps [1]. Il eut pour successeur Joseph Bonnefon.

1721-1762. — Joseph BONNEFON, docteur en Sorbonne. Il était fils cadet du docteur François Bonnefon et de Marguerite de Cambefort. Installé prieur du Vigean le 28 novembre 1717 [2], il cumula ce bénéfice avec la cure d'Anglards, dont il prit possession le 1er février 1718, sur la résignation de Pierre Sales. Le doyen de La Loubère le nomma à la cure de Mauriac, par acte passé le 16 janvier 1721 devant Diernat et Chaumeil, notaires, qui dressèrent le 23 du même mois le procès-verbal de sa prise de possession. Le 26 novembre 1729, il devint chanoine de la cathédrale de Clermont [3], dignité qu'il résigna le 7 septembre 1730.

Il avait repris entre temps l'instance contre la communauté des prêtres-filleuls, dont il obtint, en 1726, la suppression par un arrêt du Parlement [4]. Cette décision fut mal accueillie des habitants qui l'attaquèrent par la voie de la tierce opposition; mais cette voie de recours parut aux yeux du Parlement une révolte contre les précédents arrêts et un concert pratiqué entre les prêtres et les habitants pour en arrêter l'exécution. D'un autre côté, le curé Bonnefon, « qui ne voulait que des « prêtres-filleuls et des marguillers soumis à ses volontés », agit si utilement que la tierce opposition fut rejetée par arrêt du 2 septembre 1758 [5].

Le 6 août 1750, Joseph Bonnefon, de concert avec le doyen Honoré de Sers, donna les mains à l'union du prieuré du Vigean, dont il était titulaire, au collège des Jésuites de Mauriac [6], laquelle fut prononcée définitivement par Monseigneur de La Garlaye, évêque de Clermont, le 3 août 1753 [7], à la suite d'un concordat intervenu le 25 février 1752 entre les Religieux bénédictins et les Jésuites, devant Me Thoury, notaire à Clermont.

Il mourut à Mauriac le 27 mars 1762.

1, 2, 3. Arch. du P.-de-D., *Ins. ecclés.*, Reg. LXXXV, Reg. LXXXIX, f° 146, Reg. LXXXVII, f° 108, et Reg. C, f° 7.

4. *Dict. Stat. et Hist. du Cantal*, t. IV, p. 250.

5. Arch. de Ribier. *Factum imprimé.*

6, 7. Arch. du P.-de-D., *Ins. ecclés.*, Reg. CXXXI, fos 297, 298, 299, et Reg. CXXXII, f° 62.

1762-1765. — Julien BAYARD, bachelier en droit civil et canon de l'Université de Valence, ancien vicaire d'Issoire. Après le décès de Joseph Bonnefon, une compétition se produisit pour la cure de Mauriac entre Honoré Offroy, ancien curé de Prodelles, alors curé de Saint-Genès-Champanelle, et ledit Julien Bayard. Le premier en prit possession le 20 avril 1762, en vertu d'une décision de l'évêque de Clermont, suivant procès-verbal dressé par Lacoste, notaire, en présence d'Ignace de Chavialle, conseiller du Roi, seul Elu, d'Henri de Pomerie, sieur de Boissières, bourgeois, et d'Antoine Desmaries, curé d'Anglards [1]. Aussi quand Julien Bayard se présenta, le 25 juin 1762, porteur des provisions que lui avait octroyées le 3 avril précédent Mre Paul de Murat, doyen de Mauriac et collateur du bénéfice, et que l'évêque de Clermont avait visées à la date du 21 juin, il trouva les portes fermées et Honoré Offroy s'opposa à la prise de possession, comme étant déjà régulièrement pourvu et installé. Julien Bayard protesta énergiquement et fit dresser procès-verbal de ses dires et protestations par ledit Lacoste, notaire, en présence de Charles-Benoît Bonnefon, procureur en l'Election, de Beauzire de Pomerie, ancien maire de Mauriac, d'Antoine de Pomerie, son frère, procureur en la justice de la ville, de François Danjolie et de Jean-Baptiste Ternat, bourgeois [2]. Une sentence intervenue aux requêtes du Palais le 3 août 1763, suivie à la date du 7 septembre d'un arrêt du Parlement, débouta Honoré Offroy de son opposition et Julien Bayard procéda le 29 octobre 1763 à une seconde prise de possession, qui eut lieu devant le même notaire, en présence de Charles-Benoît Bonnefon, procureur du Roi, Barthélemy de Vigier, receveur des tailles, Ignace de Chavialle, juge, Jean-Baptiste Ternat, bourgeois, Guillaume Delalo, médecin, Dominique Ronnat, médecin, et Joseph Fontanges, chirurgien [3].

Julien Bayard se démit le 17 juin 1765 et fut nommé curé et doyen de la paroisse et chapitre du Broc, près Issoire.

1765-1767. — Jean de La ROCHETTE, bachelier en droit canon de l'Université de Toulouse, originaire de La Rochette, paroisse d'Anzat-le-Luguet. Le doyen Paul de Murat le présenta le 29 juin 1766 à la nomination de l'évêque de Clermont,

1, 2, 3. Arch. du P.-de-D., *Ins. ecclés.*, Reg. CXXXXV, fos 129 et 203 et Reg. CXXXXVII, fo 201.

qui donna son visa le 11 juillet. Il fut installé à la cure de Mauriac, le 31 du même mois, par M. François de Riole, vicaire général forain du diocèse de Saint-Flour, en présence de Charles-Benoît Bonnefon, Ignace de Chavialle, Barthélemy de Vigier, Beauzire et Antoine de Pomerie, Pierre Chapouille, avocat, et Dominique Ronnat médecin [1].

Le 20 novembre 1767, il échangea la cure de Mauriac contre celle de Saint-Sandoux, dont Gabriel Ronnat était titulaire, devant Me Chaudessolle, notaire à Clermont [2].

1767-1815. — GABRIEL RONNAT, né à Mauriac en 1724, fils de Guillaume-Ignace Ronnat, bourgeois, et de Marie Courboulès de Montjoly, maître ès-arts et gradué de l'Université de Paris. Il commença ses études ecclésiastiques au séminaire Saint-Louis à Paris, où il était acolyte, lorsque Marianne Ronnat, sa sœur, épouse de Pierre-François Bertin, entreposeur des tabacs, lui constitua son titre clérical, devant Lacoste, notaire, le 7 février 1755. Il devint successivement docteur en Sorbonne, chanoine prébendé de Billom, puis curé de Saint-Sandoux. L'échange de cures convenu entre lui et Jean de La Rochette, reçut le 21 novembre 1767, l'approbation de de l'évêque de Clermont et Gabriel Ronnat fut installé à Mauriac, par son prédécesseur, le 12 décembre 1767, suivant acte passé devant Vacher de Tournemire, notaire, en présence de de N. Gay et Joseph Dumas, vicaires, d'Augustin des Maries et Antoine Sédillot, prêtres, de Joseph des Jardins, chevalier de Saint-Louis, maire, Barthélemy de Vigier, Pierre Chapouille, Paulin Offroy, Nicolas Mirande, et Henri de Pomerie, sieur de Boissières [3]. Le 26 avril 1786, il prit possession devant Rigal, notaire, « du bénéfice prieural et cure » de Saint-Amand de Sournìac, auquel il avait été nommé, après le décès de Pierre Brun, par Nicolas Navarre, archiprêtre de Mauriac [4]; mais il le résigna le 5 décembre suivant, en faveur de Pierre Poujol, vicaire à Loupiac [5].

Gabriel Ronnat, qui fut choisi en août 1787 comme membre de l'Assemblée d'Election de Mauriac, pour le clergé, avait su conquérir l'estime et le respect de toute la population, par ses talents, son zèle et sa générosité autant que par l'indépendance

1, 2. Arch. du P.-de-D., *Ins. ecclés.* Reg. CL, f° 91, et Reg. CLIII, f° 88.

3, 4, 5. Arch. du P.-de-D., *Ins. ecclés.*, Reg. CLIII, f° 62, Reg. CLXXVIII, f°s 124 et 299.

de son caractère et la largeur de ses idées. Lors de la constitution civile du clergé il crut pouvoir, à l'exemple de beaucoup de ses confrères, prêter, le 27 mars 1791, le serment avec restriction; mais il se rétracta le surlendemain et porté par l'assemblée départementale sur la liste des ci-devant curés non assermentés[1], il dut se réfugier en Espagne, où son exil se prolongea pendant une douzaine d'années. Rentré en France à la restauration du culte, il reprit possession officielle de son église de Notre-Dame-des-Miracles le 8 décembre 1803.

Pendant ce long interrègne, le curé Ronnat eut la douleur de voir la cure de Mauriac, occupée par un prêtre schismatique, qui n'était autre que son propre neveu, l'abbé Louis Bertin, son ancien vicaire[2].

---

1. Arch. du Cantal. *Procès-verbal des séances de l'assemblée départementale* de 1791, p. 375.

2. Louis Bertin, né à Mauriac le 27 août 1751, était fils de Pierre-François Bertin et de Marianne Ronnat; il fut tonsuré à Toulouse le 16 mars 1771, nommé maître-ès-arts le 18 juillet suivant et ordonné prêtre à Clermont le 23 mars 1776. Il devint ensuite vicaire de son oncle à l'église de Notre-Dame-des-Miracles, puis curé de Bassignac, où il fut transféré le 18 février 1780, à la suite du décès du dernier titulaire, Jean Chatonnier. (*Arch. du P.-de-D. Ins. ecclés.*, Reg. CLXXVIII, f° 27).

Après avoir, un des premiers, prêté le serment constitutionnel, il n'hésita pas à briguer la succession de Gabriel Ronnat. Elu curé de Mauriac le 29 mars 1791, par 25 suffrages sur 46 votants, il donna le lendemain sa démission de la cure de Bassignac et son installation eut lieu le 15 mai suivant. Son administration ne se signala par rien de saillant : des polémiques quotidiennes et des discussions stériles avec Dominique Mirande, curé de Salers, — son confrère en schisme — absorbèrent les débuts de son ministère. Dénoncé au représentant Bô, pour « s'être permis dans plusieurs instruc« tions pastorales d'atténuer la confiance du peuple envers la minorité de la « Convention, dite *Montagnarde*, et de blâmer quelques membres qui avaient « proposé la suppression des salaires ecclésiastiques », il fut mis en arrestation à Clermont-Ferrand, est c'est de là qu'il publia pour sa justification un factum imprimé, en date du 19 floréal an II (9 mai 1794), où il essaie à force de platitudes et de promesses d'obtenir son élargissement.

« Pendant la Terreur, son attitude fut déplorable », écrit l'abbé Pisani dans le *Répertoire biographique de l'épiscopat constitutionnel* (Paris, Picard, 1907). Non content de se vanter dans un second factum, en date du 10 messidor an IV (28 juin 4796), « d'avoir combattu l'odieux préjugé du célibat ec« clésiastique, d'avoir remis au district ses lettres de prêtrise et renoncé aux « fonctions du culte », il alla jusqu'à « désirer que des colonnes fussent « organisées pour faire la chasse à ceux qu'il dénonçait chaque jour dans « ses lettres comme des ennemis de l'Etat ».

Il devint président du Presbytère du Cantal, fut député du dernier Conseil national de France, et se fit proclamer évêque de ce département le 21 vendémiaire an IX (13 octobre 1800), dans l'assemblée des fidèles tenue à l'église de St-Géraud d'Aurillac, sous la présidence de Pierre Serres, curé de St-Martin-de-Valois. Sur les 3328 suffrages exprimés dans les diverses parois-

A sa rentrée en 1803, le vénérable exilé trouva sa paroisse en complet désarroi. « Affaissé par l'âge et les tristesses de « l'exil, écrit l'abbé Serres, mais non découragé, il se mit à « l'œuvre avec une pieuse ardeur, aidé dans cette création « nouvelle d'abord par les abbés Gély et Lafarge, autres « confesseurs de la foi, puis par M. Armand, nommé officiel- « lement vicaire en 1804 »[1].

En 1806, Monseigneur de Belmont lui donna pour auxiliaire ou vicaire-régent, l'abbé Noyrit, dont le chanoine Reyt a publié la vie, pleine d'édification et d'intéressants détails[2] et ce dernier fut remplacé en 1810 par l'abbé Jean Vidal, de Fontanges, qui devint, en 1839, curé de Mauriac.

Gabriel Ronnat, s'éteignit à l'âge de 81 ans, emportant après un demi-siècle de sacerdoce, les regrets unanimes de la population : regrets dont le maire, M. Grasset, se fit l'éloquent interprète sur la tombe de celui qu'il qualifia, en termes émus de « Nestor des ministres du Seigneur. »

A ses autres dignités ecclésiastiques, il avait successivement ajouté celle d'archiprêtre, — attribuée par la nouvelle

---

ses, Louis Bertin avait obtenu 2916 voix. (*Imprimerie Chrétienne*, rue Saint-Jacques, nos 278 et 279 — 10 pages). Son sacre eut lieu à Aurillac le 3 mai 1801.

Au rétablissement du culte, il fit sa soumission à l'évêque légitime de St-Flour, Monseigneur de Belmont, et se retira à sa maison de campagne de Marchamps, près Mauriac, où il vécut d'une vie régulière ; il fit même plusieurs années après sa rétractation solennelle entre les mains de l'abbé d'Auzers, curé de Mauriac, et mourut réconcilié avec l'église le 31 décembre 1822, à l'âge de 71 ans.

Une lettre inédite de M. Riou, préfet du Cantal, à Mgr de Belmont, en date du 16 messidor an XI (6 juillet 4803), dont nous devons la communication à notre obligeant collègue de la *Société de la Haute-Auvergne*, M. Bélard, archiviste à St-Flour, nous apprend que ce prélat songea un instant à confier à l'évêque Bertin, après sa soumission, l'importante cure d'Aurillac. On lira avec intérêt, à l'Appendice (pièce II), les considérations confidentielles que le préfet fait valoir auprès de l'évêque, pour l'engager à ne pas donner suite à ce projet. (*Arch. municipales de St-Flour*).

L'abbé Chaludet a relevé dans sa belle *Sigillographie des évêques de St-Flour*, pp. 142 et s. — Aurillac, imp. Moderne, 1898, — deux sceaux adoptés successivement par l'abbé Bertin ; le 1er : *d'argent, aux initiales* L. B. *enlacées*, adextré d'une mitre aux fanons relevés, senestré d'une crosse tournée en dehors ; le 2e *de sinople, à un rosier à cinq roses d'argent ou d'or, accosté en pointe de deux croisettes de même; au chef d'argent chapé de sable; sur l'argent un agneau surmonté d'une couronne*. — l'écu timbré d'une croix processionnelle entre une mitre et une crosse.

1. *Vie de Mgr Charles de Douhet d'Auzers*, p. 83. Toulouse, Privat, 1893.

2. *Vie de l'abbé Noyrit*. St-Flour, Boubounelle, 1887.

législation aux curés des chefs-lieux d'arrondissement — et celles de chanoine honoraire de Clermont et de Saint-Flour.

1816-1822. — Charles de DOUHET D'AUZERS. Né au château d'Auzers le 11 mai 1771, il était le troisième fils de Jacques-François de Douhet, baron d'Auzers, et de Marie Charlotte de Saint-Chamans. Il fut baptisé le 18 mai et eut pour parrain Charles de Meulan, son oncle maternel, représenté par Antoine de Ribier, chevalier de Saint-Louis, ancien capitaine de cavalerie, et pour marraine Jeanne de Ribier de La Praderie, sa grand'tante paternelle. Pendant la Révolution, il se réfugia à Passy, près Paris, avec sa mère, devenue veuve, et y fut incarcéré. Le 27 vendemiaire an III (8 octobre 1794), il subit une nouvelle détention à Aurillac. L'ancien séminariste de Saint-Sulpice avait été contraint de suspendre ses études ecclésiastiques; il les reprit en 1806, reçut le sous-diaconat le 20 décembre suivant, le diaconat le 23 mai 1807, et la prêtrise à la fin de la même année. Il se retira ensuite à Auzers, où il seconda pendant plusieurs années le curé de la paroisse, soit comme vicaire-gérant, soit comme prêtre autorisé.

Sur ces entrefaites la cure de Mauriac devint vacante par la mort de M. Ronnat. Les vicaires généraux du diocèse, à la tête desquels était l'abbé de Rochebrune, lui choisirent comme successeur Jacques-Antoine Vigier, doyen de Marcenat, ainsi qu'il résulte d'une demande confidentielle de renseignements, adressée à la date du 25 septembre 1815 par la direction des Cultes au préfet du Cantal[1]. Le gouvernement n'ayant pas ratifié ce choix, l'abbé de Rochebrune présenta le 1er avril 1816 l'abbé d'Auzers, qui fut agréé par ordonnance royale du 15 du même mois et installé en l'église de Notre-Dame-des-Miracles le 17 juin 1816 par Antoine Périer, curé du Vigean.

Pendant son ministère de six ans, l'abbé d'Auzers exécuta d'importantes réparations à cette église et fit rédiger en 1818 par Pesteils, prieur des Pénitents, un coutumier des cérémonies Mauriacoises. Il quitta la paroisse le 5 novembre 1822, pour aller remplir à Amiens, auprès de Mgr de Chabons, les

1. Arch. du Cantal, série V, *non classée*, — Jacques-Antoine Vigier, né à Marcenat le 31 juillet 1764, sous-principal au collège de Clermont, prêta le serment le 26 juin 1791; mais il se rétracta le 7 août suivant. Il figure sur la liste des émigrés du département du Cantal, arrêtée le 5 octobre 1793. Il fut nommé curé de Condat le 22 novembre 1803 et doyen de Marcenat le 15 avril 1812; il y mourut le 21 juin 1831.

fonctions de vicaire général et d'official, qu'il ne tarda pas à cumuler avec celles de chanoine de la Cathédrale et d'archidiacre.

Le 15 avril 1829 une ordonnance royale l'appela à l'évêché de Moulins, où il mourut le 9 février 1834 [1].

1823-1825. — Jean CORNUS, né à Saint-Flour le 24 mars 1772, était curé de Lempdes — aujourd'hui diocèse du Puy — depuis le commencement de l'année 1820, lorsqu'il fut appelé à la cure de Mauriac par ordonnance royale du 7 mars 1823 [2]. Une autre ordonnance du 2 juillet 1825 le transféra à celle de Saint-Pierre, à Moulins [3], où il fut remplacé en 1843 par l'abbé Gomot. Au moment de sa retraite comme curé, Mgr de Pons le présenta pour un canonicat à la cathédrale de Moulins, dont il obtint l'investiture le 30 juillet 1843 [4]. L'année suivante, il décéda dans cette ville, le 21 mars, en son domicile rue Percée, revêtu de la double dignité de chanoine et de vicaire général.

1825-1839. — Géraud LESCURE, né à Chabus, près Saint-Christophe, le 20 février 1760, était vicaire de cette paroisse lorsqu'éclata la Révolution. Il émigra en Espagne ainsi que ses deux frères Pierre et Antoine Lescure, prêtres comme lui, avec lesquels il habita tour à tour Barcelone et Figuières. Rentré dans son pays natal en 1800, il exerça quelque temps le ministère vicarial à Saint-Christophe, devint desservant de Barriac le 2 mars 1804 et enfin curé de Mauriac le 9 octobre 1825. Il y mourut en odeur de sainteté le 15 mars 1839 [5].

1839-1844. — Jean VIDAL, né à Fontanges le 9 février 1784, fut attaché en 1810 à M. Ronnat, au titre de vicaire auxiliaire; il remplit ensuite les fonctions de vicaire général au Puy, du 24 février 1825 au 2 juin 1839, époque à laquelle il revint à Mauriac comme curé. Deux événements d'ordre différent, mais tous les deux d'une certaine importance, signalèrent son passage à la cure de Notre-Dame-des-Miracles : Ce furent,

1. Voir : *Vie de Mgr d'Auzers*, déjà citée.

2. Arch. du Cantal. Série V, *non classée*.

3 et 4. Arch. de l'Allier. Série V. *Personnel*.

5. Voir la *Monographie de la paroisse de Barriac*, par l'abbé Basset, p. 68. — Saint-Flour, Bouboune1le 1897.

d'une part, la fameuse mission prêchée en 1844 par le R. P. de Bussy, jésuite, et d'autre part, la reconstruction du grand clocher octogonal, dont l'abbé Vidal posa la première pierre le 23 juillet 1845. La même année, une ordonnance royale, du 28 octobre, approuvait le choix que Mgr de Marguerie avait fait de M. Vidal comme vicaire général de l'évêché de Saint-Flour ; mais sa santé ne lui permit pas de conserver longtemps ce poste occupé ensuite par l'abbé Bouange — depuis évêque de Langres—. Il est mort à l'âge de 86 ans, le 15 octobre 1870, à Fontanges, où il s'était retiré en novembre 1849 après sa démission. M. Vidal est l'auteur d'un remarquable traité de la *Conscience,* dans lequel se reflète sa belle âme de moraliste et de théologien.

1845-1852. — Pierre VIRBONNET, né à Saint-Flour le 15 prairial an III (4 juin 1795), termina ses études de théologie à Saint-Sulpice. Après sa promotion au sacerdoce, il fut envoyé au grand séminaire du Puy en qualité de professeur d'écriture sainte. Il devint ensuite, le 16 septembre 1828, principal du collège de Saint-Flour; mais en 1830, l'avènement de Louis-Philippe, au gouvernement duquel il ne voulut pas prêter serment, l'obligea à échanger cette situation contre la vicairie de Sainte-Christine du faubourg. Deux ans plus tard, 12 novembre 1832, il fut promu à la cure de Vic-sur-Cère et fut installé le 26 octobre 1845 à celle de Mauriac par M. Vidal, son prédécesseur. Nommé par décret du 13 septembre 1851, chanoine titulaire de la cathédrale de Saint-Flour, il décéda le 11 août 1856 dans sa maison, rue du Sorel.

1852-1857.—Jacques LAVEISSIÈRE, né à Olmet, commune de Vic-sur-Cère, le 14 juillet 1802, curé de Boisset en 1840, fut nommé curé de Mauriac par décret du 28 janvier 1852. Peu de temps après son installation (7 mars 1852), on commença à l'église une série de réparations, qui n'ont pas été à l'abri de toute critique. Ce fut d'abord le remplacement par une grille en fer forgé de la grande et magnifique balustrade en marbre rouge — que la tradition attribuait aux anciennes carrières de La Forestie —, sous prétexte qu'elle masquait l'autel; puis, en 1854, le crépissage et la décoration *à l'Italienne,* de tout l'intérieur du monument, dont l'austérité romane disparut sous un badigeon polychrome du plus mauvais effet. Heureusement ces peintures n'ont eu qu'une existence éphémère, grâce à la restauration intelligente entreprise en 1896.

L'événement le plus saillant de son administration fut sans contredit le couronnement de Notre-Dame-des-Miracles, qui eut lieu le 13 mai 1855 avec le concours de NN. SS. Lyonnet, évêque de Saint-Flour, Berteaud, évêque de Tulle, et Dufêtre, évêque Nevers, et d'une foule de notabilités civiles et ecclésiastiques. Un décret du 28 novembre 1857 lui accorda le canonicat devenu vacant à la cathédrale de Saint-Flour par suite de la nomination de Mgr de Pompignac à l'évêché de ce diocèse et sa verte vieillesse s'y prolongea jusqu'au 9 avril 1884.

1857-1867. — Pierre VIGOUROUX, né à Apchon le 29 mai 1802, ordonné prêtre le 12 décembre 1827, débuta comme vicaire à Allanche le 3 janvier 1828. Deux décrets successifs l'appelèrent ensuite, le 27 février 1847 à la cure impériale de Condat et le 26 juillet 1857 à celle de Mauriac, où il mourut le 30 septembre 1867. Deux années auparavant (15 août 1865), il avait été décoré de la Légion d'honneur. Pendant son ministère de dix ans, M. Vigouroux fit reconstruire la chapelle du Puy-Saint-Mary[1] et fonda à Mauriac l'orphelinat, le pensionnat Sainte-Marthe, ainsi que diverses congrégations et sociétés charitables.

1867-1893. — Jean-Barthélemy AURIER, né à Trizac le 1er avril 1814. Il fut nommé professeur au petit séminaire de Pleaux en 1831, vicaire à Aurillac en 1849, curé de Méallet en 1854, doyen de Saignes le 26 juillet 1857 et le 28 octobre 1867 archiprêtre de Mauriac. Son ministère de 26 ans s'écoula au milieu de l'estime et de la sympathie générales.

Le 23 mai 1877 un deuil bien inattendu vint jeter la cons-

1. La chapelle du Puy-Saint-Mary, en partie détruite en 1574 par les Huguenots, ne se releva de ses ruines que 71 ans plus tard *en l'an neuf fois cinq après mil six cents* (1645), nous dit Mourguyos dans sa chronique rimée, par les soins de Dom Rupert Lavialle, prieur du monastère. La Révolution ne l'épargna pas à son tour et la vendit comme bien national le 4 messidor an IV, à deux bourgeois de Mauriac, Jean-Fois Ternat et Jean-Fois Drappeau, moyennant le prix de 450 francs. Elle perdit ainsi sa destination primitive et resta transformée en taverne jusqu'en 1860, époque à laquelle elle fut rouverte au culte, après une restauration complète, mais peu artistique. (Dr L. de Ribier, *la Chronique de Montfort*, p. 54, *en note*).

ternation parmi le clergé et les fidèles du diocèse : Mgr de Pompignac était mort presque subitement au presbytère de Mauriac, en pleine tournée pastorale. On fit à ce vénérable et regretté prélat des funérailles dignes de lui. L'abbé Aurier y présida avec autant de dignité que d'onction et du haut de la chaire de Notre-Dame-des-Miracles, il sut tirer de son cœur des accents émus et des paroles éloquentes qui impressionnèrent vivement la nombreuse assistance.

Le 30 novembre 1881 eut lieu le baptême des quatre nouvelles cloches refondues : la première (1104 kilos) est dédiée à Notre-Dame des-Miracles, la seconde (757 kilos), au Saint-Sacrement, la troisième (556 kilos) à Saint-Mary et la quatrième (444 kilos) à Sainte-Théodechilde. Il est regrettable que ce carillon manque d'ensemble et d'harmonie.

L'abbé Aurier, qui était doué d'une constitution athlétique, succomba à une pneumonie à l'âge de 79 ans le 30 avril 1893 [1].

1893. — Antoine ÉTIENNE-RAYMOND, né à Condat le 23 décembre 1843, reçut la prêtrise le 10 mars 1867. On le retrouve ensuite vicaire à Saint-Saturnin en juillet 1867, à Riom-ès-Montagnes en décembre 1868, à Saint-Vincent de Saint-Flour en juillet 1870 et à Notre-Dame-aux-Neiges d'Aurillac en mars 1878. Aumônier militaire *titulaire*, en 1878, puis *volontaire*, de 1881 à 1893, actuellement aumônier des armées en campagne, il fut nommé entre temps aumônier des Carmélites d'Aurillac le 8 décembre 1886 et curé de Mauriac le 15 mai 1893. C'est en cette dernière qualité que Monseigneur Raymond a présidé de 1896 à 1899 à la restauration de la belle église romane de Notre-Dame-des-Miracles, que M. Bonnay, architecte des monuments historiques, a reconstituée dans son état primitif en supprimant presque tous les hors d'œuvre que les siècles avaient accumulés et en rétablissant les deux tours carrées qui dominent le porche.

A toutes les dignités ecclésiastiques sus-énoncées, nous devons ajouter celles de chanoine honoraire de Langres et de Saint-Flour, de missionnaire apostolique, et de chanoine de Lorette (10 février 1892) et enfin le titre, qui prime tous les

---

1. *Notice biographique*, par l'abbé Lesmarie, curé d'Anglards-de-Salers. Tours, Delis frères, 1893, 50 pages.

autres, de prélat de la Maison de Sa Sainteté Pie X, conféré par brevet du 10 mai 1904, dont la teneur suit :

PIVS PP. X.

« Dilecte fili, salutem et Apostolicam benedictionem. Cum Nobis ex « amplissimis et fide dignis testimoniis innotuerit te vitæ morum que « integritate spectatum, tum in curiali obeundo munere, tum in aliis « scite naviter-que implendis sacri ministerii officiis, luculenta pietatis, « fidei, doctrinæ, prudentiæ, consilii ac procurandæ animarum salutis « zeli testimonia ingiter exhibuisse, dignus Nobis es visus qui tantis « non impar meritis præmium feras. Quare te à quibusvis excomunica- « tionis et interdicti aliisque ecclesiasticis sententiis, censuris et pœnis, « si quas forte incurreris huius tantum rei gratia absolventes et abso- « lutum fore censentes, hisce litteris autoritate Nostra Austitem urba- « num seu domus Pontificalis Prælatum facimus, eligimus atque « renuntiamus. Tibi ideo, dilecte fili, concedimus, ut violaceas vestes « induere, ac in Romana etiam Curia lineum amiculum manicatum seu « Rochetum licite gestare queas, utque uteris, fruaris singulis quibus- « que honoribus, privilegiis, prærogativis, indultis, quibus alii eadem « ecclesiastica dignitate aucti utuntur, fruuntur, vel uti frui possunt ac « poterunt. Contrariis non obstantibus quibuscumque. Datum Romæ « apud S. Petrum sub annulo Piscatoris die X Maii MCMIV Pontificatus « Nostri anno Primo. »

Locus Sigilli. ALOIS. CARD. MACCHI.

SCEAU DE MGR RAYMOND

Parti : *au 1er d'azur, au conopé d'or*, qui est le blason des chanoines de Lorette, *sur un semé de fleurs de lis de même, au 2o aussi d'azur, à un cœur de gueules, enflammé d'or, surmonté du chiffre de la Vierge, couronné de même*, qui est le blason de l'église de Mauriac depuis le XVIIe siècle.

III

La communauté des Prêtres-Filleuls

A côté du chapelain ou curé, qui dépendait du monastère et était à la présentation du Doyen, il s'était formé à Mauriac, comme dans la plupart des paroisses, une association religieuse, appelée la *Communauté des Prêtres-Filleuls*, qui prit peu à peu un développement considérable.

Cette communauté existait de temps immémorial; on la trouve mentionnée dès l'an 1170[1] et le *Dictionnaire Statistique et Historique du Cantal* rapporte que le 11 décembre 1275 Brun de Claviers approuva en qualité de suzerain une vente que lui avaient faite Robert et Pierre de Marlho[2]. Le testament du médecin Mauriacois, Pierre de Transmon, du 2 des nones d'août 1279, déjà cité, ne laisse aucun doute sur son existence et, s'il faut en croire le chroniqueur Montfort, elle aurait été approuvée et confirmée en 1314, par un pape d'Avignon, qui ne pouvait être que Clément V[3].

La vie indépendante et peut être trop mouvementée qu'elle mena pendant plusieurs siècles, fut semée de conflits aigus et de dissensions scandaleuses, tantôt avec le monastère, tantôt avec le vicaire perpétuel de Notre-Dame-des-Miracles — pris la plupart du temps dans son sein —, à l'occasion des droits honorifiques de l'église. Une transaction intervint le 22 octobre 1650 et fut suivie le 16 octobre 1716 d'une sentence de l'official de Clermont, qui mécontenta les deux parties. Enfin un arrêt du parlement de Paris clôturait, dix ans plus tard, cette interminable procédure, en supprimant les prêtres-filleuls, en tant que communauté, malgré une possession constante de près de quatre cents ans. Nous avons dit plus haut que la tierce opposition formée par les habitants fut rejetée par un autre arrêt du 2 septembre 1758.

Tout en faisant la part des responsabilités, on est forcé de reconnaître que le Parlement fut d'un rigorisme excessif; les

1. L'abbé Chabau : *Les Pèlerinages du diocèse de St-Flour*, p. 12.

2. *Dict. du Cantal*, t. IV, p. 390.

3. Dr L. de Ribier. *La Chronique de Montfort sur Mauriac*, p. 69, Paris H. Champion, éditeur, 1905.

prêtres-filleuls avaient droit à plus de bienveillance, à raison des services signalés qu'ils avaient rendus à leur ville natale ; car il est certain que si Mauriac fut pendant le Moyen Age, un centre de culture intellectuelle assez remarquable, il le doit en partie à cette communauté, dont « chaque membre « était pour ainsi dire doublé d'un pédagogue »[1].

Non contente de se poser en rivale du Doyenné, cétte pauvre communauté n'hésita pas au commencement du XVIIe siècle à prendre fait et cause pour les prêtres de l'archiprêtré de Mauriac vis-à-vis Monseigneur d'Estaing, évêque de Clermont, à l'occasion de la suppression de la Cour spirituelle de Mauriac[2] et des peines infligées à ceux d'entre eux qui s'étaient dispensés d'assister aux synodes tenus deux fois par an dans la ville épiscopale.

Les prêtres-filleuls soutenaient, non sans quelque apparence de raison :

1° Que de tout temps et ancienneté, il y avait eu à Mauriac un official, appelé *Juge spirituel des Montagnes*, assisté d'un promoteur et d'un greffier, pour juger les différends survenus entre les prêtres des cinquante-deux paroisses de l'archiprêtré.

Ce juge spirituel avait remplacé l'Auditeur des causes de l'évêque de Clermont dont le siège était fixé à Mauriac, même avant la création de l'évêché de Saint-Flour, en 1317[3].

2° Que ces prêtres n'étaient pas tenus de droit d'assister aux synodes de Clermont et qu'il leur suffisait de se rendre à celui qui, suivant un usage constant, se réunissait à Mauriac le second mercredi de carême, sous la présidence du Juge spirituel des Montagnes.

La tenue de ce synode aurait été autorisée, en 1326, par le pape Jean XXII, d'après le *Dictionnaire du Cantal*, qui semble

---

1. Dr L. de Ribier, *Chronique de Montfort, déjà citée*, p. 62, *en note*.

2. Voir sur cette Cour spirituelle à l'Appendice (pièce I), un extrait de la *Chronique de Mourguyos*.

3. Le plus intéressant de ces *Auditeurs des causes de l'évêque* est sans contredit Bernard de Vernet, archiprêtre de Saint-Flour, dont la juridiction s'étendait sur les trois archiprêtrés de Saint-Flour, Aurillac et Mauriac. Notre érudit président de la *Société de la Haute-Auvergne*, M. le conseiller Boudet, a relevé son nom dans plus de trente chartes, de 1252 à 1289. Pendant ce long exercice, d'au moins trente-sept ans, le personnage en question, *naturellement* chanoine du chapitre cathédral de Clermont, semble avoir le don d'ubiquité, tant on le retrouve un peu partout, mêlé à toutes les questions et à tous les événements de son époque. (*Bienveillante communication de M. Boudet*).

s'être fait l'écho du passage suivant de la chronique rimée de Mourguyos [1]:

» Ce synode tenu tous les ans en caresme
» Fut par le pape Jean, de nom vingt-deuxiesme,
» L'année vingt-six ans après mille et trois cens
» Confirmé, comme aussy en divers autres temps.

A l'appui de leurs prétentions ils produisaient outre une longue et minutieuse enquête, faite par les soins de Me Broquin, lieutenant au présidial d'Aurillac, commis par l'official primatial, le 7 septembre 1633, divers documents et notamment :

1º Un procès-verbal dressé, le 20 septembre 1563, par Guillaume Gibbert, juge des Montagnes, pour l'installation de Jacques Vidal comme official et lieutenant au siège de Mauriac.

2º Les provisions accordées audit Jacques Vidal, le 15 octobre 1594, de l'office de juge des Montagnes, par le chapitre cathédral de Clermont pendant la vacance du siège.

3º Le procès-verbal, en date du 4 novembre 1598, de la prise de possession dudit office par Jean Chefblanc, en vertu d'une commission de Mgr de La Rochefoucauld, que Mgr d'Estaing renouvela le 25 août 1615.

1. Loys Mourguyos, auteur de deux chroniques sur Mauriac, l'une en prose, et l'autre en vers, était originaire de St-Cernin, ainsi qu'il nous l'apprend à la fin de cette dernière chronique. Pédagogue, il vint se fixer à Mauriac, où il épousa Marguerite Pesteilh, dont il n'eut, paraît-il, qu'une fille, mariée le 7 janvier 1632 à Gabriel Guy. Marguerite Pesteilh mourut dans cette ville le 14 octobre 1643 et notre chroniqueur le 2 février 1653, et non le 9 septembre 1653, comme l'affirme l'abbé Serres, d'après le *Cahier des statuts et liste des membres du St-Sacrement de Mauriac*. (Voir Dr L. de Ribier, *La Chronique de Montfort*, pp. 6 et 140, en note). C'est par erreur que Delalo (*Dict. Stat. et Hist. du Cantal*, IV, p. 189), l'abbé Chabau (*Ste-Théodechilde*, page 30), l'abbé Serres et, sur la foi de ses devanciers, le Dr de Ribier lui-même, lui ont attribué la qualité de prêtre, le confondant avec son homonyme, Loys Mourguyos — probablement son neveu et filleul —, né vers 1602, prêtre communaliste de Mauriac et chapelain de la vicairie St-Barthélemy, qu'il résigna le 9 mars 1677 au profit d'Aymeric Roussilhe, prêtre-filleul. (Arch. du Puy-de-D., *Ins. ecclés.*, Reg. LIX, fº 6). Il mourut à l'âge de 80 ans le 7 octobre 1682. Les investigations de M. A. Chassan dans les registres de catholicité de Mauriac ont confirmé sur ce point nos recherches personnelles.

Le chroniqueur Mourguyos mentionne dans le cours de sa chronique rimée, *son bien aymé frère*, sans en donner le prénom. Il était ébéniste à Tulle et il fut appelé à Mauriac, en 1640, pour faire le retable de l'église, dont le coût s'éleva à 250 livres, non compris les frais de port et de pose. Il n'est pas téméraire de supposer que l'ébéniste en question était le père du prêtre Loys Mourguyos.

4° Et les provisions accordées, le 15 novembre 1598, par Mgr de La Rochefoucauld à Aymery Desmaries, de l'office de greffier de la cour spirituelle de Mauriac, provisions qui furent aussi renouvelées par Mgr d'Estaing, ledit jour 25 avril 1615.

Malgré l'enquête et les précédents, l'évêque obtint gain de cause et les sentences prononcées par l'officialité de Clermont les 25 octobre 1618, 23 mars et 12 septembre 1619, 12 juin et 11 novembre 1620, furent confirmées par l'officialité métropolitaine de Bourges le 12 mars 1624, par l'official primatial le 28 février 1641 et par un arrêt du Parlement du 28 septembre suivant, devant lequel les intéressés s'étaient pourvus comme d'abus[1]. Exécutoire des dépens fut délivré le 7 mars 1641 pour la somme de 1100 l. 10 s. 9 d. contre les prêtres-filleuls de Mauriac[2].

Nous ne connaissons qu'imparfaitement l'effectif de la communauté, qui s'éleva par intervalle jusqu'à quarante membres, nous dit l'abbé Chabau[3]. « Tous les jours les prêtres-filleuls « chantaient l'office canonical, assemblaient des chapitres « comme cela se pratique dans les églises collégiales et même « infligeaient des peines à ceux dont la conduite pouvait se « relâcher »[4].

Les limites de cette plaquette ne nous permettent pas de nous étendre sur leur recrutement, leurs statuts, leur organisation, leurs moyens d'existence. Nos lecteurs trouveront une réponse à ces questions dans l'intéressant ouvrage de M. l'abbé Poulhès, curé de Raulhac[5], ou dans notre étude sur les *Archiprêtres de Mauriac*[6].

Nous nous contenterons de donner les noms des communalistes que nous avons relevés dans les six documents suivants :

16 août 1561. — *Vente à Jean de Montclar, susvisée* : Antoine Boyssou, curé, François Bresson, syndic, Antoine Montfort, Antoine Servayon, Jehan Gilbert, Jehan Roussilhe, Jehan Servayon, Guillaume Saltet, Jacques Durif et Jehan Peyralbe, assemblés au son de cloche, en la manière accoutumée, tant pour eux que pour les autres prêtres-filleuls, absents.

---

1 et 2. Arch. du P.-de-D., *Evêché*, liasse XVIII, cote 17, et liasse XI, cote 10.

3. *Pèlerinages du diocèse de Saint-Flour*, p. 13.

4. *Placet au Roi de 1752.*

5. *L'ancien Raulhac* (1re partie) pp. 149 et s., Aurillac, imp. Moderne, 1903.

6. *Les Archiprêtres de Mauriac*, pp. 93 et s.

16 mars 1641. — *Exécutoire de dépens, susvisé* : Léonard Boudet, Antoine Rongier, Aymery Guy, Guillaume des Maries, Arias Delpuech, Arias Lagaye, Jacques Mauriac et Aymery Fontanges.

15 juillet 1652. — *Procès-verbal de visite de Mgr Louis d'Estaing* : Guillaume des Maries, Aymery Fontanges, Jacques Vidal, Antoine Chassang, Antoine Chaumeil, Louis Mourguyos, Pierre Roque, Antoine Antignac, Aymery Guy, Guillaume Bezet, Antoine Amargier, Jean Bordes, Jean Vernat, Antoine Balit, Antoine Diernat et Pierre Chazavent (ces deux derniers diacres).

4 septembre 1676. — *Procès-verbal de visite de Mgr Joachim d'Estaing* : Louis Mourguyos, Pierre Roque, Antoine Antignac, Guillaume Bezet, Antoine Amargier, Jean Bordes, Antoine Balit, Aymery Roussilhe, Pierre Coquard, Jean Boudet, Pierre de Plaignes, Jacques de Chavialle, Balit *le jeune* et Jean Peyrac.

5 juin 1735. — *Procès-verbal de visite de Mgr Massillon*[1] : Antoine Delpeuch, Etienne Aurier, Jean Mauriac, Louis Chanut, Geraud Soubeyrou, Antoine Fontanges, Pierre Valmier, Paulin Soustre, Thoury, Jean Garnier, Antoine Desmaries, Jean Simon et Jean Violle (ces deux derniers diacres).

1756 à 1759. — *Registre manuscrit de l'Eglise*, portant le décompte des honoraires de messes inscrites au nom des prêtres-filleuls ci-après : Cholvy, Chanut, Mauriac, Chapouille, Guy, Soubeyrou, Neyrac, Domal, Sédillot et Desmaries, *boursier* depuis le 1er septembre 1743.

1. Arch. du Grand-Séminaire de Montferrand, t. XXXI, *Visites pastorales*.

IV

La Confrairie des Pénitents à Mauriac

La seconde moitié du XVIe siècle vit éclore, surtout dans le midi de la France, des confrairies de Pénitents de toutes couleurs, comme en une sorte de génération spontanée. Vêtus d'un long habit en forme de sac, se terminant par un capuchon pointu rabattu sur le visage et percé de deux trous correspondant aux yeux, tous les confrères portaient à la ceinture une discipline et un chapelet garni de petites têtes de morts. La nuance de l'habit variait suivant les contrées ou le caprice des organisateurs. Généralement bleue dans le Languedoc et le Dauphiné, elle était noire dans la Franche-Comté et ailleurs blanche, grise, violette ou rouge.

A Mauriac la confrairie des Pénitents blancs, pour les deux sexes, fut établie le 24 juin 1589, sous le titre de *l'Annonciation de la glorieuse et sacrée vierge Marie*, en vertu d'une autorisation de Mgr de La Rochefoucault, évêque de Clermont[1]. Le 24 octobre 1622, elle fut confirmée à la demande de Jehan Montfort, son recteur, et de Loys Mourguyos, vice-recteur, par Mgr Joachim d'Estaing, au cours d'une tournée pastorale à Mauriac[2], et deux ans plus tard le pape Urbain VIII l'approuva par une bulle, en date du 13 août 1624[3]. Le 15 février 1648 un extrait des statuts rédigé par Pierre Soustre, secrétaire, fut déposé dans les archives de la confrairie, en présence de Pierre de Pomerie, curé, et de Chassang, consul, suivant procès-verbal dressé par Chaumeil et Mathieu, notaires royaux.

Au moment de l'érection de la congrégation, les Pénitents, — encore peu nombreux — s'installèrent pour leurs dévotions et leurs exercices dans une petite chapelle, située au fond de l'église de Notre-Dame-des-Miracles, où se trouvaient les archives et le trésor : mais le développement rapide et considérable que ne tarda pas à prendre la confrairie, les obligea à

1. Arch. du P.-de-D. *Supplément de l'Evêché*, liasse 5, côte 6.

2 et 3. L'abbé Chabau : *Les Pèlerinages du diocèse de St-Flour*, p. 22, Paris, librairie St-Paul, 1888.

chercher un local moins exigu et plus convenable. Ils s'abouchèrent dans ce but avec les Pères Bénédictins, qui leur cédèrent l'ancien réfectoire du monastère, alors en ruines, et un traité fut conclu entre les parties le 5 décembre 1616, pardevant Me Montfort, notaire, dont une obligeante communication de M. A. Chassan nous permet de reproduire le texte dans toute sa saveur originale :

« Personnellement establis Me Pierre Dupon, lieutenant de la ville et François Ternat, au nom et comme recteurs de la Compagnie des Pénitents de l'Annonciation Notre-Dame, pièça érigée en la présente ville, lesquels adressant la parole à vénérables et religieuses personnes Frères Jean Bertrand, doyen du monastère Mr St. Pierre; Pierre Broussolles, prieur claustral et de Bassinhac; Jean Grenier, célarier; Antoine Farigoule, chambrier, Jacques de Galauba, thrésorier; Antoine Bouschard, aumosnier; Antoine Gibbert, prieur de St. Vincent; Pierre Colonges, prieur delz Falgoux, et François Esteneur, prébandier; tous religieux dudit monastère, leur ont remontré que depuis l'érection de la dite congrégation de pénitens ils ont esté fort incommodez de lieu pour fer leurs dévotions et exercices selon les règles d'icelle, mesme ayant été creue et augmentée de plus grand nombre depuis ledit temps, s'estant servi à cest effet de petite chapelle qué au fondz de l'église parrochielle Nre Dame de lad. ville, lieu bien estroit et de petite comprinse et où les curé et prestres de lad. église tiennent les archives de leur thrésor tiltres et documents contenans leurs droits et debvoirs, que leur ont faict entendre la de congrégation leur donner incommodité. C'est pourquoy la de congrégation estant entrée en chapitre pour conférer ensemble de trouver q.q. lieu propre et convenable pour l'exercice de leurs dévotions et fonctions après avoir longuement traité et discouru sur led. subject, auroient constitué et députez lesd. Dupon et Ternat, leurs dits recteurs et syndics pour s'adresser à mond. seigneur le doyen et religieux dud. monastère, affin de les supplier de leur donner et délaisser à perpétuité auxd. fins une place et lieu nommé anciennement et communément *le Réfectoire*, tenant aux cloistres d'iceluy du costé du midy, estant en ruine et réduit en *éyrial*, à la charge de le réparer et rendre en bon et deu estat par lad. congrégation de pénitens à leurs frais et dépans..., por faire église ou chapelle por l'exercice de leurs fonctions et dévotions...

« Laquelle requete et remontrance bénignement receue par lesdits sieurs doyen et religieux, après avoir capitulairement conféré sur icelle, ont dit et déclaré qu'ils désiroient, en tant qu'à eulx est, augmenter et fortifier le zelle de lad. congrégation... de leur bon gré et volonté ont quitté et à perpétuel délayssé aus dits pénitens de l'Annonciation de Nre Dame, le lieu et place nommé le Réfectoire, qui est à présent en ruine et éyrial, tout ainsy qu'il gist, consiste et comporte, tenant et joignant à la partie des cloistres du cousté du midy avec la maison du sieur prieur de Bassinhac et éyrial da maison du sieur l'aumosnier et avec les autres confrontations plus vrayes, si poinct il y en a, droicts, servitudes et aisances accoustumées, sous la charge et conditions que ladite congrégation desd. pénitens sera tenue..... de réparer, remettre et restablir à leurs frais et despans lad. place dud. réfectoire en deu et convenable estat, comme ils verront estre à faire aux fins de leurs dévotions, fonctions et exercices accoustumés, sans que lesd. religieux puissent estre subjects à y contribuer aucune chose, sauf toutefois quand venant la réunion de la table desdits sieurs religieux, et qu'en ce cas led. sieur doyen et chapitre dudit monastère voudroient se retourner servir et jouyr dudit lieu et place de réfectoire et en priver lad. congrégation de pénitens, led. sieur doyen et chapitre seront tenus et se sont obligés par ces p[tes] rendre et rembourser ausdits de la congrégation tout l'employ frais, mises et dépens qui se trouveront, monteront et recognoistront avoir esté faicts par les dits de lad. congrégation des pénitens. Et ce auparavant que les pouvoir priver et sortir de la jouissance dudit lieu et place. Présents honorable homme Hélye Bonnefon, docteur en médecine et Me Emeric Verdier, habitans dud. Mauriac, témoins. Pacte accordé que les susd. pénitens seront tenus de fermer à chaux et à sable deux portes du fondz dud. réfectoire, l'une estant du cotté du cloistre et l'autre sortant devers la maison de messieurs cellarier et chamarier ». *Suivent les signatures.*

En 1628, le marquis de Merville, de la maison de Montal de La Roquebrou — maison qui tenait *en confidence* le doyenné de Mauriac depuis plus de cent vingt ans — s'opposa de toutes ses forces à l'introduction de la réforme de Saint-Maur au monastère de Mauriac. Les premiers religieux qui vinrent en prendre possession furent l'objet de sévices et de tracasseries de toute sorte et chassés au bout de peu de temps ; mais cet échec ne les découragea pas et « revenus le 20 octobre 1629, « ils se retirèrent, au dire de Mourguyos, dans la maison de « la cellererie, fesant le divin service dans la chapelle des « Pénitens — dont il est question ci-dessus — dans laquelle « plusieurs habitans, enjoints par la commission de les adcis- « ter et prêter main-forte, couchèrent dix mois et demy ou « environ, munis d'espèces d'hallebardes, de mosquets et au- « tres armes à feu pour la garde et asseurance de leurs per- « sonnes et empescher qu'ils ne vinsent à estre de rechef « enlevés comme ils l'avaient esté déjà. »[1]

1. *Chronique en prose de Mourguyos.*

Après avoir joui jusqu'en 1637, indivisément avec les Pénitents, de la chapelle que ces derniers avaient établie sur les ruines de l'ancien réfectoire, les religieux réformés en reprirent la possession exclusive en vertu de la réserve stipulée dans la transaction précitée et ne tardèrent pas à la rendre à sa première destination. De leur côté, les Pénitents se réfugièrent dans la tribune de l'église paroissiale, située au-dessus du porche, réparée et agrandie à leurs frais et à laquelle ils accédaient par un escalier établi dans le petit clocher qu'ils restaurèrent aussi et firent couvrir à neuf en 1640.

Ils occupaient encore cette tribune le 15 juillet 1652, quand Mgr Louis d'Estaing visita l'église de Notre-Dame-des-Miracles. Le procès-verbal dressé à cette occasion contient le passage suivant :

« Les Pénitents s'assemblaient dans la tribune de l'église pour faire leurs prières et exercices, suivant leurs statuts approuvés par le cardinal de La Rochefoucauld et après lui par Joachim d'Estaing, frère dudit Louis. L'autel est de bois et creux, sur lequel il y a un autel portatif et meuble blanc. Sur cet autel est un tableau de l'annonciation de la sainte Vierge, sous le titre de laquelle la confrairie est établie. De là Monseigneur est allé visiter une nouvelle chapelle, bâtie contre la porte St-Mary et contre la muraille de la ville, destinée aux Pénitents, qui n'est pas encore parfaite ; elle a dix brasses et demie de long et cinq et demie de large ».

La confrairie resta en plein exercice jusqu'à la Révolution, dans la nouvelle chapelle qu'elle avait fait bâtir aux abords de la porte St-Mary, qui prit de ce fait le nom de *portail des Pénitents*. En 1818, Mgr d'Auzers, alors curé de Mauriac, essaya de la reconstituer sous la direction du sieur Pesteils, comme prieur, mais elle ne fit que végéter, pour disparaître une trentaine d'années plus tard. Le portail, qui avait survécu à la chapelle, fut démoli en 1873.

SCEAU DU MONASTÈRE DE MAURIAC

APPENDICE

I

Extrait de la chronique rimée de Mourguyos sur la Cour spirituelle de Mauriac.

Autrefois un prélat du Haut et Bas-Auvergne
Establit tout ainsy qu'un escrit nous enseigne
Dans Mauriac bien petit, mais néantmoins royal,
Un juge, que l'on dit juge et official,
Un procureur fiscal et un greffier ensuite :
Personnages tous trois experts et de mérite.
Cil qu'obtint cette cour sainte et spirituelle
Fust Artaud de Lévy [1], doyen tout plein de zèle,
Issu de la maison de Messieurs de Charlus,
Cousin du sieur évêque et bon religieux ;
Beaucoup d'ans après que la ville fust murée,
La susdite cour fust sainctement concédée
Scavoir l'an qu'on contoit vingt-huit après six cens,
Au dire des escrits et des documens.
Le sujet pour lequel l'a mise le Saint-Siège
Fust par ce que les monts étoient couverts de neige,
Que les chemins estoient malaisés en hyver
Et qu'on ne pouvoit lors à Clermont se porter.
Ce juge a esté dit par nos prélats et pères
Et un nombre infiny d'escrits et de mémoires
De toute antiquité *Juge spirituel*
Des Montagnes d'Auvergne et toujours comme tel
Ce juge estoit un prêtre entendu en droiture.
Le pouvoir de sa charge et sa judicature
S'étendoit sur les clercs de cette prévotté
Miséricordieuse et toutte charitable,
Toutte tendre amoureuse et toutte pitoyable,

---

1. En ce qui concerne Artaud de Lévy et la date de 628, Mourguyos commet un double anachronisme qu'il a copié dans Montfort. (Voir Dr L. de Ribier, *Chronique de Montfort*, p. 47). Il s'agit ici d'Artaud de Chârlus, de la maison de Ventadour et non de Lévy, qui était doyen de Mauriac en 920 et non en 628, et qui annexa le prieuré de Vendes au monastère. (Bibl. de Clermont, Audigier, *Hist. ms. d'Auvergne*, t. III, p. 191). La maison de Lévy — aujourd'hui Lévis — ne s'est fixée à Charlus que le 1er octobre 1501, par le mariage de Jehan de Lévy avec Blanche de Ventadour.

Toujours dans le besoin à l'endroit de tous ceux
Qui ont esté chétifs, pauvres et souffreteux.
Il tenoit à ces fins tous les ans un synode
Huict jours dans le caresme, auquel, pour si commode
— Le temps estoit très beau — tous messieurs les curés
Ou bien leurs substitus s'y transportoient exprès.
Ce juge connaissoit des causes criminelles
Des civilles encore et des matrimonielles.
Cette judicature et cour spirituelle
Fust ostée à Mauriac par je ne sais quel zèle
De Joachim d'Estaing, après plusieurs cens ans
L'année vingt deux après mille six cens.

II

Lettre de M. Riou, baron de Kersalüm, Préfet du Cantal, à Mgr Montanier de Belmont, évêque de St-Flour.

Aurillac, le 16 messidor an XI.

Monsieur l'Evêque,

« Après avoir examiné le tableau de vos nominations et discuté en secret avec le P. Fontès, qui est un homme vertueux étranger à tout esprit de parti, de corps et de localité, j'ai cru devoir vous faire *confidentiellement* quelques observations dont la *première* et la *principale* importe au maintien de votre autorité et à votre *tranquillité personnelle.*

« Vous nommez M. Bertin à la principale cure de ce département; vous le placez dans l'église où il a été sacré évêque, dans la ville la plus populeuse, dans le chef-lieu du département, où il a eu comme chef du clergé constitutionnel des partisans riches, actifs, puissans, qui ont figuré dans certain parti. Avez-vous réfléchi à l'ascendant que dans de telles circonstances peut lui donner le caractère épiscopal? Ne serait-ce pas un antagoniste que vous vous donnez et cela dans un païs, où sous les rapports de l'autorité ecclésiastique, on était exempt de la juridiction de l'ordinaire? Voilà un inconvénient s'il réunit la confiance de tout le monde....; mais je pense qu'il ne la réunira pas et qu'il sera autant détesté de ceux qui ont rejetté la constitution du clergé, qu'honoré, chéri, soutenu par les constitutionnels : alors voilà deux églises distinctes à Aurillac et dans le clergé et dans les fidèles, je vous ferois les mêmes observations s'il demeuroit dans votre diocèse; je suis persuadé que la présence de tout évêque démissionnaire sur son ancien territoire a quelques dangers, et si le Gouvernement sur ce point délicat me demandoit mon avis et le suivoit, aucun des anciens évêques, de quelque parti qu'il fût, ne résideroit au milieu, ni même à portée du troupeau dont il n'ēst plus le pasteur.

« M. Bertin a une pension de 3000 l. ; ce qui est une fortune immense pour un homme aussi sobre, aussi réglé que lui. Si, outre cela, vous voulez le placer, pourquoi ne pas le laisser à Mauriac, où maintenant il est assez bien vu ? Aurillac est l'endroit qui lui convient le moins ; je ne vous dissimule pas que sa nomination y causera beaucoup de mécontentement, peut être de la fermentation et qu'il y éprouvera beaucoup de résistance, sans compter les désagrémens que lui susciteront les parens et amis du curé Lollié, qui sont puissans et qui seront indignés de voir ce vieillard abandonné et en quelque sorte disgracié sur le bord de sa tombe.

« Agréez, Monsieur l'Evêque, l'assurance de mon profond respect.

« RIOU. »

Nota. — Cette lettre confidentielle est écrite en entier de la main du préfet Riou, telle qu'elle est ci-dessus orthographiée.

AURILLAC. — IMPRIMERIE E. BANCHAREL

www.ingramcontent.com/pod-product-compliance
Ingram Content Group UK Ltd.
Pitfield, Milton Keynes, MK11 3LW, UK
UKHW022148170726
13837UKWH00004B/1848

9 782019 937485